Éléments d'hébreu

COURS DE PREMIÈRE ANNÉE

PROFESSÉ A L'ÉCOLE LIBRE DES SCIENCES HERMÉTIQUES

(Session 1899-1900)

Par SÉDIR

Avec une Lettre-Préface de PAPUS

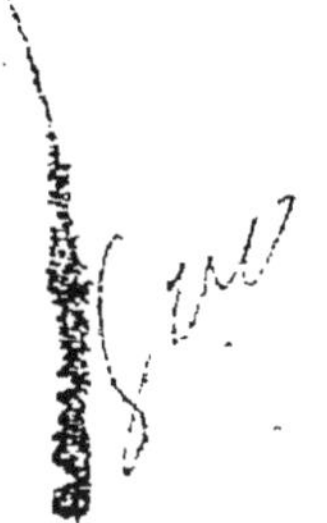

PRIX :

UN FRANC

PARIS

ÉDITION DE L'*INITIATION*

SOCIÉTÉ D'ÉDITIONS LITTÉRAIRES ET ARTISTIQUES

Librairie Paul Ollendorff

50, RUE DE LA CHAUSSÉE-D'ANTIN, 50

1901

Éléments d'hébreu

COURS DE PREMIÈRE ANNÉE

PROFESSÉ A L'ÉCOLE LIBRE DES SCIENCES HERMÉTIQUES

(*Session 1899-1900*)

Par SÉDIR

Avec une Lettre-Préface de PAPUS

PRIX :

UN FRANC

PARIS

ÉDITION DE *L'INITIATION*

SOCIÉTÉ D'ÉDITIONS LITTÉRAIRES ET ARTISTIQUES

Librairie Paul Ollendorff

50, RUE DE LA CHAUSSÉE-D'ANTIN, 50

—

1901

A PAUL SÉDIR, *professeur titulaire de l'École Hermétique.*

MON CHER AMI,

Vous avez été l'un des fondateurs de notre École Hermétique, et votre enseignement a déjà évolué bien des intelligences. Dans les jours heureux comme au moment du combat, vous avez toujours été fidèle au poste et vous avez ainsi montré la voie à beaucoup d'hésitants et de découragés.

Demandons ensemble, cher ami, au Seigneur de la Terre et au Maître du Ciel que le chemin du désespoir et des angoisses du doute vous soit épargné, dans cette étude de la Mystique active où vous êtes devenu un maître véritable. Je connais trop votre humilité réelle pour ne pas savoir que les éloges terrestres vous laissent indifférent, car c'est plus haut que vous cherchez votre récompense. — Que, du moins, ces éléments d'Hébreu, d'après Fabre d'Olivet, l'ange du Pythagorisme, conduisent bien des Esprits vers l'Archéomètre de Saint-Yves d'Alveydre, et, de là, vers le dévouement au Maître du Visible et de l'Invisible, tel est le vœu que je vous demande de faire avec

Votre camarade dévoué,

PAPUS.

(13 juillet 1901.)

ÉLÉMENTS D'HÉBREU

Cours de première année professé à l'École libre des Sciences hermétiques (session 1899-1900)

Avant de nous familiariser avec les principes spéciaux de la grammaire hébraïque, il faut, selon la méthode de l'Occultisme, rattacher cette branche à l'arbre universel de la Science et déterminer son emplacement dans le catalogue de l'encyclopédie humaine, tant au point de vue de la grammaire en elle-même qu'à celui de la langue que nous étudions.

La grammaire, nous dit-on, est l'art de parler et d'écrire correctement. Mais l'écriture est déjà une création artificielle de l'homme ; la parole seule est chez lui spontanée. D'où vient donc cette parole ?

ORIGINE DE LA PAROLE. — Il y a sur ce sujet deux sortes d'opinions : celles des théologiens qui, avec Walton, soutiennent que Dieu donna à l'homme la parole toute formée ; puis celle des historiens et des philosophes, Diodore de Sicile, Lucrèce, Rousseau, Locke et Condillac qui attribuent la formation du langage à la nature de l'homme et à l'instigation de ses besoins. Socrate, Platon, Saint-Martin (1) ont fait justice de cette théorie en prouvant que, si le langage de l'homme est une convention, comment cette convention s'est-elle établie sans langage; et si un anatomiste dissèque un cadavre, il ne montrera point comment et pourquoi danse un acteur sur le théâtre.

Un assez grand nombre de sages de tous les temps et de tous les pays a pourtant connu ce mystère et, s'ils n'ont point rendu leur science universelle, c'est que les disciples ou les circonstances favorables leur ont manqué; car une telle connaissance n'est pas de celles qui se transmettent ou qui se démontrent facilement. Les sciences réellement vivantes et profondes ne peuvent pas, de par leur nature même, se communiquer dans leurs développements, mais bien dans leur germe seul : si ce germe tombe dans un esprit inculte, il périt. Ainsi ce ne sont pas les secours qui manquent quand il s'agit d'acquérir une science digne de ce nom. C'est l'aptitude à la recevoir; pour la recherche qui nous occupe en ce moment, il est de toute évidence que, si une révélation directe de la Divinité ne nous communique pas la lumière que nous cherchons, il faut que nos propres efforts la découvrent sous les matériaux des langages particuliers et que les notions étymologiques nous indiquent les points de contact des idiomes entre eux. C'est ce dernier chemin qu'a suivi Fabre d'Olivet : L'arabe, l'hébreu, les dialectes syriens, le celte de France,

---

(1) *Esprit des choses,* II, p. 127.

d'Angleterre et de Norwège, le tatare, la pali, l'hindoustani, le sanscrit, le chinois, telles sont quelques-unes des langues anciennes dont il a disséqué la structure, étiqueté les formes et fait jaillir l'âme.

L'hébreu, le sanscrit et le chinois sont les trois langues de l'ancienne Asie dont la connaissance lui semble *indispensable pour s'élever jusqu'à* la source du langage. L'école de Calcutta, et W. Jones en tête, place l'arabe au lieu de l'hébreu dans cette énumération ; ce dernier savait cependant que les Arabes se réclament d'un ancêtre unique, le patriarche Heber, עֵבֶר, nom qui signifie ce qui est placé derrière, ou au delà, ce qui est éloigné, caché, dissimulé, privé du jour, ce qui passe et qui termine, ce qui est occidental. Voilà la situation *géographique* des Arabes, *Harbis*, ou des Hébreux, *Habris*, relativement à l'Asie, אם, le continent unique, la terre primitive. La langue arabe examinée à fond laisse apercevoir un idiome central, enrichi, poli, façonné sur les idiomes subséquents des peuples vaincus ; tandis que l'hébreu est perdu depuis longtemps dans sa propre patrie ; enfin, l'hébreu est le porteur d'un livre sacré, initiatique, le *Sepher* de Moïse dont le *Coran* n'est qu'un développement. Le tatare oïghoury, qui est une des langues primitives de l'Asie, n'a pas créé de livre sacré ; il n'a même pas créé d'écriture. Quant aux produits linguistiques de l'Iran, ce que les travaux inouïs d'Anquetil Duperron nous en ont procuré, fait voir que l'*Avesta* ne contient que des hymnes, des prières et des fragments d'un livre antérieur traduit en langue vivante : c'est ce que signifie le mot *Zend*. W. Jones, d'Herbelot et d'Olivet pensent que le zend est un dialecte sanscrit, et que le *pehlvi*, langue dans laquelle est traduit le *Boun-Dehesh*, est un dérivé de chaldaïque nabathéen et du tatare cimmérien. Il suffit pour nous de considérer ces langues comme le lien qui réunit le sanscrit à l'hébreu.

Le chinois est la plus ancienne et la plus homogène des trois langues que nous considérons comme mères; il est parti du plan physique pour atteindre, vivifié par l'invention des *Kouas*, due à Fo-Hi, le père universel, la Voix de la Vie, ce que le Génie métaphysique et moral peut enfanter de plus profond, de plus brillant et de plus pur. Pour d'Olivet, le sanscrit n'est pas originaire de l'Inde; ce pays, dans des temps très reculés, fut habité par un peuple venu d'ailleurs; on y parlait le *bali* ou *pali*, dont on trouve des restes à Ceylan et en Birmanie. C'est la plus riche, la plus harmonieuse, la plus abondante de toutes les langues.

Quant à l'hébreu, s'il ne faut pas croire avec les rabbins qu'il a présidé à la naissance du monde, chose qu'ils entendaient dans un sens kabbalistique, il ne faut pas non plus le croire, avec les modernes, le jargon d'une peuplade misérable; mais l'hébreu du *Sepher* est le pur idiome des antiques Égyptiens; cet idiome a été greffé dans un peuple qui en a transporté le dépôt à travers les âges, dépôt couvert d'un triple voile; mais l'histoire de cette langue est le contraire de celle du chinois : composée d'expressions abstraites, intelligibles, leur sens s'est matérialisé peu à peu; ce qui était esprit y est devenu substance, ce qui était universel est devenu particulier.

En résumé, l'hébreu, issu de l'Égypte où l'on se servait à la fois de caractères hiéroglyphiques et de caractères littéraux, offre une image symbolique dans chacun de ses mots, quoique sa phrase conserve dans son ensemble toute l'éloquence de la langue parlée.

Passons à l'étude historique du *Sepher* ou de la Genèse.

Quelle en est tout d'abord la valeur? On sait que les Hébreux résidèrent en Égypte quatre cent trente ans (1); il est tout naturel qu'en quittant ce pays ils en emportèrent la langue, sans pour cela détruire ce qu'ont dit Bochart, Grotius, Huet et Leclerc, sur l'identité radicale de l'hébreu et du phénicien; car ce dernier dialecte avait été apporté en Égypte par les rois pasteurs et s'y était confondu avec la langue du pays, longtemps avant l'arrivée des Hébreux. On connaît la réputation de sagesse des Égyptiens, dont Bossuet dit que les plus nobles travaux et le plus bel art consistaient à former des hommes (2); tous les grands philosophes grecs furent leurs élèves; Moïse avait été instruit dans leurs sciences et leurs arts; enfin, Simplicius (3), qui a connu les livres sacrés de l'Égypte, trouvait tant de conformité entre leurs doctrines et celles du *Sepher*, qu'il en a conclu

---

(1) *Sepher*, II, ch. xii, v. 40.
(2) *Hist. univers.*, III, § 3.
(3) *Comm. phys. arist.*, VIII, p. 268.

que le prophète des Hébreux avait marché sur les traces de l'antique *Thaôth*.

Moïse avait été initié aux mystères d'Osiris ; on le voit à la forme de sa cosmogonie ; il a consulté pour écrire son livre des monuments plus anciens, qu'il cite d'ailleurs : le livre des *Générations d'Adam* (*Sepher*, I, 5), celui des *Guerres de Ihoâh* (Id., IV, 21), celui des *Prophéties* (Id., IV, 21, v. 27) ; enfin, d'après les rabbins, Moïse laissa, pour expliquer son livre, des explications orales dont la transmission constitue la *Kabbale*. Dès l'époque de la destruction de la tribu de Benjamin, le *Sepher* était oublié ; seuls quelques initiés s'en transmettaient le manuscrit de la main à la main et les enseignements de vive voix. Mais, circonstance presque inexplicable, au milieu de leurs guerres, de leurs fornications, de leurs exils, les juifs ne perdirent jamais l'amour de leur Livre ; c'est grâce à ce sentiment qu'Esdras, tout en faisant preuve d'une diplomatie et d'une énergie remarquables, put reconstruire le Temple et donner une copie du *Sepher* en caractères chaldaïques : ce fut dans une grande synagogue formée des docteurs de Babylone qu'Esdras arrêta ce changement d'écriture, innova les points-voyelles et créa la première *Mashore*. La seconde *Massore*, pleine de minuties et de statistiques fastidieuses, est l'invention des rabbins de Tibériade, vers le ve siècle de l'ère chrétienne.

Nehemie le prophète, le Thalmud, R. Elias, R. Kimhi, R. Éphod, le P. Richard Simon, l'évêque Walton sont d'accord pour nous apprendre que six siècles avant Jésus-Christ les juifs n'entendaient plus la langue de Moïse. Ils se servaient du syriaque araméen, dialecte composite très différent du nabathéen, qui, d'après d'Herbelot, était le chaldaïque pur. De cette ignorance naquirent des disputes sur le sens de ce livre : deux sectes rivales prirent naissance. Les Pharisiens admettaient un sens spirituel, croyaient à la Providence et à l'immortalité de l'âme; les Sadducéens s'en tenaient à la lettre et étaient matérialistes; pour concilier ces extrêmes, les Esséniens se formèrent; beaucoup moins nombreux mais plus instruits que les précédents.

Les conquêtes d'Alexandre, le partage de son empire, amenèrent l'influence hellénique dans la vieille Judée. Selon d'Olivet, les septante traducteurs, qui travaillèrent par ordre de Ptolémée Lagus, étaient des Esséniens du mont Moria; mais le nom de cette version ne vient pas du nombre de ses auteurs, mais du conseil de 70, le Sanhédrin, qui en permit l'usage pour tous les juifs parlant ce grec mêlé d'hébraïsme qu'on appelle hellénistique. Les Esséniens obéirent à leur conscience en retenant le sens spirituel du *Sepher* et à l'ordre du roi en donnant une version exacte du sens littéral.

Philon le Juif n'entendait pas un mot d'hébreu, mais les chrétiens croyaient la version grecque inspirée par Dieu; les sectes gnostiques attaquèrent juifs et chrétiens; saint Jérôme ne put ainsi donner qu'une nouvelle traduction de la Bible grecque; et c'est la Vulgate que l'ignorance et la partialité des écrivains cléricaux imposèrent depuis à la vénération de l'Occident. Ainsi tous les travaux des exégètes et des orientalistes furent perdus d'avance, puisque aucun ne comprit que c'est la grammaire hébraïque qu'il aurait fallu refaire pour acquérir l'intelligence du texte.

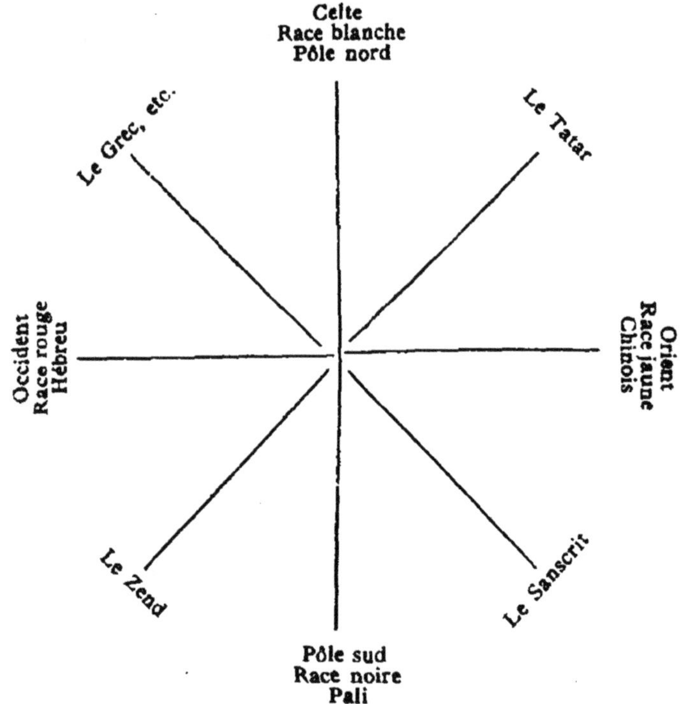

§ I. — PRINCIPES GÉNÉRAUX

La définition qu'on donne ordinairement ne caractérise cet art que pour les langues vivantes; nous n'avons besoin ni de parler, ni d'écrire les langues mortes; c'est les comprendre, saisir leur génie, remonter à leur source et, à l'aide des idées qu'elles conservent, aider au progrès des idiomes modernes.

Il ressort de nos précédentes leçons qu'il existe

deux grammaires : 1° la grammaire particulière; 2° la grammaire générale. Cette dernière est celle qui s'attache à étudier les formes et les racines des langues qui se rapprochent le plus de cette langue universelle dont nous avons parlé, qui en ont tout au moins reçu le plus de reflets, et qui synthétisent la pensée d'une race d'hommes. Nous avons dit que, suivant en cela les rigoureux principes de l'Occultisme, ce à quoi nous tendons, c'est d'étudier cette grammaire générale dans les idiomes qui nous ont le mieux conservé les racines employées par les races qui, dans l'ordre évolutif, ont précédé la race blanche; et nous savons maintenant que ces idiomes sont : le chinois pour la race jaune, le sanscrit pour la race noire et l'hébreu pour la race rouge.

Pour l'instant, nous occupant plus particulièrement de l'hébreu, nous avons eu à noter l'importante histoire des versions de la Bible. Nous sommes parfaitement certains que l'œuvre des interprètes fut, de parti pris, une œuvre d'occultation, de travestissement de la pensée première de l'auteur de la *Sepher*, et qu'à ce point de vue il n'y a aucune différence à établir entre la version grecque, dite la *Bible des Septante*, et la version latine qu'on appelle *la Vulgate*.

Dans un ordre d'idées différent, de pure philosophie linguistique, nous avons donné idée de ce qu'est une racine hébraïque, de la généralité de sa signification et de son abstraction. C'est cette généralité et cette abstraction qui ont tant arrêté et embarrassé les hébraïsants, qui, pour ne les avoir point comprises, en sont venus à considérer l'hébreu comme une langue d'une difficulté exceptionnelle et d'une construction hors la norme générale et courante des langues. Telle a été l'opinion de ceux qui ont approché les textes hébraïques, depuis saint Jérôme jusqu'aux modernes en passant par Luther, Calvin, Cajetau, le P. Morin et Richard Simon. Cette prétendue difficulté, cette étrangeté de l'hébreu est justement ce qui en fait tout lé prix pour nous, et c'est ce qui nous permet de le considérer mieux que comme un dialecte particulier, et d'y pouvoir chercher des racines, sinon universelles, du moins bien plus générales que ne pourrait nous en offrir telle autre langue de mécanisme différent. De ce que nous avançons, nous n'irons pas bien loin chercher la preuve. Nous la trouvons dans la racine même du mot qui signifie *grammaire*, qui est גר, כר, קר (grë, crë, krë), qui dans l'hébreu et les langues de même famille, par exemple l'arabe et le chaldaïque, présentent toujours l'idée de gravure, de caractère ou d'écriture. Voilà un exemple de deux lettres formant une racine très générale, très abstraite, s'appliquant juste à une idée qui peut se particulariser par la suite dans des mots nouveaux et d'un sens plus restreint, mais à travers lesquels nous devrons toujours apercevoir la racine.

Revenons maintenant au petit historique que nous avions commencé de la grammaire hébraïque. Au retour de la captivité de Babylone, les Hébreux possédèrent une grammaire scientifiquement construite et distribuée suivant le mode chaldaïque. Mais la langue dont on avait ainsi formulé les lois ne tarda pas à tomber en décadence et à former un mélange d'hébreu, de chaldaïque, de syrien et d'arabe où il aurait été bien difficile de reconnaître la langue première. Il faut arriver jusqu'au iie siècle de l'ère chrétienne pour constater un réveil. A cette époque, nous assistons à une véritable floraison de grammairiens hébraïques, dont beaucoup font partie de l'école d'Alexandrie et sont imbus des idées néo-platoniciennes et qui s'appliquent à recréer une grammaire et à restaurer leur langue maternelle. Ces savants, qui sont connus dans l'histoire sous le nom de *Gaons*, ont laissé des noms qui méritent d'être remémorés : c'est d'abord le Gaon Saadia, puis Juda-Hiug, qui s'inspira surtout des travaux des grammairiens arabes, et enfin Ben-Jona et Aben-Esra (1).

Il est presque assuré que ces derniers avaient la connaissance des règles synthétiques de l'hébreu ; il est au moins assuré qu'ils en soupçonnaient le hiéroglyphisme. Et pour cela il ne leur avait fallu rien moins que remonter, soit par l'initiation, soit par la force de la pensée, au delà de l'ancienne Mashore. Avant elle, en effet, il n'y avait pas de points-voyelles pour préciser les lettres vocaliques et, par exemple, מלך, *roi*, pouvait indifféremment se prononcer melek, malak, molok, milik. La *mashore* date d'Esdras. Dans la suite, de nouvelles additions à l'écriture furent apportées par les talmudistes de l'École de Tibériade. On appelle cette rédaction *massore*, pour

---

(1) David Kimhi et Aben-Esra ne furent que des grammairiens.

la distinguer de la première (*mashore*) et les talmudistes de Tibériade sont généralement connus sous le nom de *massorètes*.

Telles sont, brièvement exposées, les révolutions les plus marquantes de la langue et de l'écriture hébraïques.

Nous devons maintenant revenir à une question de grammaire tout à fait générale et nous demander en combien de parties nous allons diviser le discours au cours de nos études.

Les grammairiens et les philosophes ont beaucoup varié quant au nombre des parties du discours. Pour ne citer que les plus célèbres, Platon n'en admettait que deux : le nom et le verbe; Aristote en reconnaît quatre; les stoïciens en admirent cinq; puis on est allé jusqu'à en compter dix. Il est évident qu'on peut dépasser ou restreindre ce nombre si l'on s'abandonne à classifier suivant un mode artificiel; il n'en est pas de même si l'on veut se donner la peine d'opérer d'après les lois générales de la parole.

Nous savons que la parole est la caractéristique par excellence de la race humaine. Quand l'homme veut penser extérieurement, c'est-à-dire faire connaître sa pensée à autrui, il faut qu'il la *signifie*. La signification, nous le savons, peut se faire de différentes manières (cri, geste, etc.). En la restreignant à la parole, nous nommerons *signe* tout ce qui sert à exprimer par le langage la pensée de l'homme à l'extérieur.

Le signe est l'essence même de la parole, et la possibilité du signe est d'origine divine.

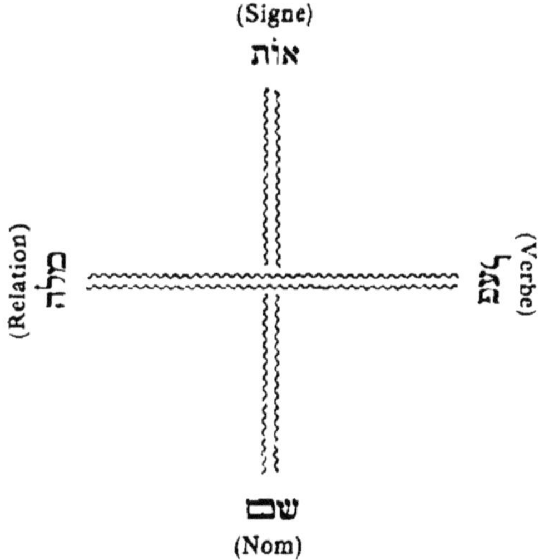

Le schéma ci-dessus, dont nous allons donner l'explication, représente les quatre parties du discours que nous pensons seules réelles et nécessaires.

Les éléments du signe, dit d'Olivet, sont la voix, le geste et les caractères tracés; ainsi l'homme peut parler avec les trois centres de son être :

Centre cervical	les mâchoires	la voix	la parole	le son
Centre thoracique	les bras	le geste	l'écriture	la lumière
Centre abdominal	les jambes	la progression	la mimique	le mouvement.

Toute langue sacrée possède ces trois éléments et n'atteint son apogée d'expression que quand un homme les emploie de concert. C'est ce qu'on peut voir encore aujourd'hui dans certaines pagodes de la Chine et de l'Inde : l'officiant exalte et sublimise ses actes : le discours devient une incantation,

2

l'écriture un schéma, et la mimique une cryptographie plus mystérieuse encore. La grammaire hébraïque ne peut plus en étudier que les caractères. Nous les donnons un peu plus loin.

§ II. — LES SIGNES CONSIDÉRÉS COMME CARACTÈRES

La première division qui s'établit entre les lettres hébraïques est celle des voyelles et des consonnes; on a beaucoup dit pour et contre l'existence de ces voyelles; mais les Égyptiens en avaient et s'en servaient pour solfier; Horus-Apollon dit qu'elles étaient au nombre de sept; Porphyre nous apprend que les Phéniciens s'en servaient pour désigner les planètes. Ces voyelles sont pour l'hébreu :

א. doux représenté par.		*â*
ה, plus fort —	. . . .	*è, h*
ה, très forté —	. . . .	*é, ch* allemand
ו, obscur —	. . . .	*ou, u, y*
ו, brillant —	. . . .	*ô*
י, durable —	. . . .	*î*
ע, guttural —	. . . .	*ho, who.*

Plus une consonnante, c'est-à-dire non écrite, attachée à la consonne; ell se prononce *ā, ē, ö*.

Les caractères hébraïques sont chaldéens; l'écriture samaritaine, moins nette et moins élégante, est antérieure; les rabbins appellent l'alphabet hébreu כתיבה אש ורית (*catibah ashourith*) écriture assyrienne, ou, dans un sens figuré, écriture souveraine, primordiale, originelle. Moïse n'employa point ces caractères, par la bonne raison qu'ils n'étaient sans doute pas encore inventés de son temps; mais son alphabet était bien identique à celui que nous connaissons. Ce fut l'altération phonétique des voyelles qui obligea les Sages de l'Assyrie, les Chaldéens, à inventer les points-voyelles pour restituer ce que le temps et la matérialité des Juifs avaient produit (1). « Supposons, dit Fabre d'Olivet, pour expliquer leur invention, que nous ayons en français une racine composée de deux consonnes, BL, à laquelle nous attachions toute idée de rondeur. Si nous concevons peu d'objets sous cette forme, nous dirons indifféremment *bal*, *bel*, *bil*, *bol*, *bul*, *boul*; mais à mesure que nous distinguerons les individus de l'espèce, nous saurons qu'une *balle* n'est ni une *bille*, ni une *boule*; nous n'aurons garde de confondre le *bol* d'un apothicaire avec le *bol* où l'on sert les liqueurs, ni le *bill* du parlement d'Angleterre avec une *bulle* du pape; enfin nous mettrons une grande différence entre cette dernière *bulle*, une *bulle* de savon et une *balle* de marchandises, etc. »

Les Chaldéens inventèrent donc une série d'accents pour donner aux caractères sous lesquels ils les plaçaient le son que ces caractères avaient dans le langage parlé; de la sorte, la lettre du livre saint était respectée et on pouvait les lire à haute voix d'une façon uniforme. Ces points-voyelles sont les suivants (la consonne B est prise comme ex.) :

---

(1) Le mot de *Chaldéens*, qui s'écrivait כשדאין ou כלדאין suivant les dialectes, signifie les *vieillards*, les éminents, ceux qui connaissent la nature des choses.

VOYELLES LONGUES			VOYELLES BRÈVES		
בָ	bâ; c'est le	*kametz*	בַ	ba; c'est le *patach*	
בֵ	bê; —	*trêrè*	בֶ	be; —	*segol*
בִ	bî; —	*chîrek*	בֻ	bu; —	*kibbutz*
בֹ	bô; —	*kolem*	בָ	bo; —	*kametz-ka-toph.*

L'accent בְ, nommé *sheva*, signifie que le caractère sous lequel il est placé manque de voyelle si c'est une consonne, ou reste muet si c'est une voyelle.

Le שׁ porte toujours un point, soit שׁ, quand il a le son *sh* anglais; soit שׂ, quand il s'aspire comme en français. Le point inscrit à l'intérieur des lettres est appelé *daghesh*, appliqué aux consonnes, et *mappik*, appliqué aux voyelles : il donne de la force.

C'est à Esdras que revient l'honneur d'avoir remplacé les caractères primitifs des anciennes copies du *Sepher* par les lettres chaldaïques; les Samaritains seuls restèrent attachés à l'ancien caractère; et ils altérèrent le texte en suivant, dans la suite des temps, les fluctuations de la ponctuation.

§ III. — DES CARACTÈRES CONSIDÉRÉS COMME SIGNES

Nous abordons aujourd'hui l'étude des signes hiéroglyphiques dans les langues. Chaque idiome a les siens plus ou moins parfaits : mais dans toutes les langues le nombre reste constant et ne dépasse jamais seize.

L'étude des hiéroglyphes consiste proprement à suivre la marche de la parole, et à découvrir comment le *signe* se manifestant au dehors a produit un *nom*, et comment ce nom, caractérisé par un type figuré, a, à son tour, produit un *signe*, suivant ainsi un courant qui le ramène à son origine.

Les signes ont des pôles, ils ont une orientation que seuls peuvent nettement voir ceux qui sont admis à lire dans la lumière astrale les caractères de la langue universelle.

Dans le domaine du sensible, on essaie de reproduire l'indication de cette polarisation, et c'est pour cela que les signes qu'on trouve dans les grimoires portent des marques spéciales qui en font une représentation des caractères de l'invisible. Tel ⌇, où les petites boules indiquent justement les pôles. Généralement, d'ailleurs, l'écriture des grimoires est une représentation rigoureusement logique de l'objet pensé. Donnons comme exemple les expressions des esprits des planètes. Saturne s'exprimera par le serpent ou 3, Jupiter par 4, l'éclair, Mars par les pointes, ou 5, le Soleil par des figures tourbillonnantes et le chiffre 6, Vénus par des figures fermées, régulières, Mercure par le caducée, 8, et la Lune par 9; de telle sorte qu'il existe un rapport constant, exact entre l'objet et sa représentation et que l'esprit n'a qu'à passer du monde des apparences dans le monde des réalités pour y trouver en soi ce qu'il connaît au figuré.

Fabre d'Olivet, d'accord avec Court de Gebelin, fixe à seize le nombre des caractères de l'alphabet primitif qui a donné naissance à tous les alphabets littéraux actuellement en usage sur la terre. En voici l'adaptation :

א,   A. — L'homme lui-même comme unité collec-
tive, principe, maître et dominateur de la
terre.

ב, פ   B, P, Ph. — La bouche de l'homme, comme
organe de la parole, son intérieur, son habi-
tation, tout objet central.

ג, כ   G, C, Ch. — La gorge: la main de l'homme
à demi fermée et dans l'action de prendre
tout canal, toute enceinte, tout objet creux.

תד   D, Dh, Th. — Le sein : tout objet abondant,
nourricier : toute division, toute réciprocité.

ה   H, Eh, Ah. — L'haleine: tout ce qui anime :
l'air, la vie, l'être.

ו   O, U. — L'œil: tout ce qui se rapporte à la
lumière, à l'éclat, à la limpidité, à l'eau.

ו, ע   Ou, W, Wh. — L'oreille: tout ce qui se rapporte au son, au bruit, au vent : le vide, le
néant.

ז, ס, ש   Z, S, Sh. — Un bâton, une flèche, un arc; les
armes, les instruments de l'homme : tout
objet allant à un but.

ח   'H, Hê, Ch. — Un champ, image de l'existence
naturelle : tout ce qui exige un travail, une
peine, un effort : tout ce qui excite la chaleur.

ט, צ   T, Tz. — Une toiture: un lieu de sûreté, de
refuge : un asile, un terme, un but, une fin.

י   I. — Le doigt de l'homme, sa main étendue :
tout ce qui indique la puissance ordonnatrice
et qui sert à la manifester.

ל   L. — Le bras : toute chose qui s'étend, s'élève,
se déploie.

מ M. — La compagne de l'homme, la femme : tout ce qui est fécond et formateur.

נ N. — La production de la femme : un fils, un fruit quelconque : tout être produit.

ק Q, K. — Une arme tranchante : tout ce qui sert l'homme, le défend, fait effort pour lui.

ר R. — La tête de l'homme : tout ce qui possède en soi un mouvement propre et déterminant.

Voici maintenant, selon d'Olivet, quels sont les signes hébraïques, c'est-à-dire les idées primitives exprimées par les caractères de cette langue.

A. . . . . א Ce premier caractère de l'alphabet, dans presque tous les idiomes connus, est le signe de la puissance et de la stabilité. Les idées qu'il exprime sont celles de l'unité et du principe qui la détermine.

B. P. . . . . ב Signe paternel et viril : image de l'action intérieure et active.

G. . . . . . . ג Ce caractère, qui offre l'image d'un canal, est le signe organique, celui de l'enveloppement matériel, et de toutes les idées dérivant des organes corporels ou de leur action.

D. . . . . . ד Signe de la nature divisible et divisée : il exprime toute idée

découlant de l'abondance née
de la division.

H. Hë. . . .   ה   La vie et toute idée abstraite de
l'être.

OU. W. . . .   ו   Ce caractère offre l'image du mystère le plus profond et le plus
inconcevable, l'image du nœud
qui réunit, ou du point qui
sépare le néant et l'être. C'est
le signe convertible universel,
le signe qui fait passer d'une
nature à l'autre; communi-
quant, d'un côté, avec le signe
de la lumière et du sens spirituel ו, qui n'est que lui-même
plus élevé, et se liant, de l'autre
côté, dans sa dégénérescence,
avec le signe des ténèbres et du
sens matériel ע, qui n'est encore
que lui-même plus abaissé.

Z, C, S. . .   ז   Signe démonstratif; image abstraite du lien qui unit les
choses; symbole de la réfrac-
tion lumineuse.

H. HÈ, CH.   ח   Ce caractère intermédiaire entre
ה et כ, qui désignent, l'un la vie,
l'existence absolue, et l'autre la
vie relative, l'existence assimilée, est le signe de l'existence élé-

mentaire : il offre l'image d'une sorte d'équilibre, et s'attache aux idées d'effort, de travail et d'action normale et législative.

T. . . . . . . ‎ט Signe de la résistance et de la protection. Ce caractère sert de lien entre ‎ח et ‎ת, qui sont l'un et l'autre beaucoup plus expressifs que lui.

I. . . . . . . ‎י Image de la manifestation potentielle : signe de la durée spirituelle, de l'éternité des temps, et de toutes les idées qui s'y rapportent : caractère remarquable dans sa nature vocale ; mais qui perd toutes ses facultés en passant à l'état de consonne, où il ne peint plus qu'une durée matérielle, une sorte de lien comme ‎ו, ou de mouvement comme ‎ש.

C, CH. . . . ‎כ Signe assimilatif. C'est une vie réfléchie et passagère, une sorte de moule qui reçoit et rend toutes les formes. Il dérive du caractère ‎ה, qui découle lui-même du signe de la vie absolue ‎ח. Ainsi, tenant, d'un côté, à la vie élémentaire, il joint à la signification du caractère ח celle du signe organique ג, dont il n'est, au reste, qu'une espèce de renforcement.

L. . . . . . . ל Signe du mouvement expansif : il s'applique à toutes les idées d'extension, d'élévation, d'occupation, de possession. Comme signe final, il est l'image de la puissance qui dérive de l'élévation.

M. . . . . . . מ Signe maternel et femelle ; signe local et plastique ; image de l'action extérieure et passive. Ce caractère, employé à la fin des mots, devient le signe collectif ם. En cet état, il développe l'être dans l'espace indéfini, ou bien il comprend sous un même rapport tous les êtres d'une nature identique.

N. . . . . . . נ Image de l'être produit ou réfléchi : signe de l'existence individuelle et corporelle. Comme caractère final, il est le signe augmentatif ן, et donne au mot qui le reçoit toute l'extension individuelle dont la chose exprimée est susceptible.

S, X. . . . .   ס   Image de toute circonscription : signe du mouvement circulaire, en ce qui a rapport à sa limite circonférencielle. C'est le lien ו renforcé et replié sur lui-même.

H, WH. . .   ע   Signe du sens matériel. C'est le signe ו considéré dans ses relations purement physiques. Lorsque le son vocal ע dégénère à son tour en consonne, il devient le signe de tout ce qui est courbe, faux, pervers et mauvais.

PH, F. . . .   פ   Signe de la parole et de tout ce qui y a rapport. Ce caractère sert de lien entre les caractères ב et ו, B et V, lorsque ce dernier est passé à l'état de consonne ; il participe à toutes leurs significations, en y ajoutant son expression propre, qui est l'emploi.

T, Z. . . . .   צ   Signe final et déterminatif, se rapportant à toutes les idées de scission, de terme, de solution, de but. Placé au commencement des mots, il indique le mouvement qui porte le terme dont il est le signe ; placé à la

fin, il marque le terme même
où il a tendu; alors il reçoit
cette forme ץ. Il dérive du caractère ם et du caractère ֹז, et il
marque également la scission
de l'un et de l'autre.

Q, K . . . . . ק Signe éminemment compressif,
astringent et tranchant : image
de la forme agglomérante ou
réprimante. C'est le caractère כ
entièrement matérialisé et s'appliquant aux objets purement
physiques. Car voici la progression des signes : ה, la vie
universelle ; ח l'existence élémentaire, l'effort de la nature;
כ, la vie assimilée tenant aux
formes naturelles; ק, l'existence
matérielle donnant le moyen
des formes.

R . . . . . . ר Signe de tout mouvement propre,
bon ou mauvais; signe originel
et fréquentatif : image du renou-
vellement des choses quant à
leur mouvement.

S, H . . . . . ש Signe de la durée relative et du
mouvement qui s'y rapporte.
Ce caractère dérive du son
vocal ֹי, passé à l'état de con-

sonne; et il joint à son expression originelle les significations respectives des caractères ו et ס.

ΓΗ . . . . . ת Signe de la réciprocité : image de tout ce qui est mutuel et réciproque. Signe des signes. Joignant à l'abondance du caractère ר, à la force de résistance et de protection du caractère מ, l'idée de perfection dont il est lui-même le symbole.

Vingt-deux signes : telles sont les bases simples sur lesquelles repose la langue hébraïque, sur lesquelles s'élèvent les langues primitives ou dérivées, qui s'attachent à la même origine. De la connaissance parfaite de ces bases dépend la connaissance de leur génie ; leur possession livre une clef à laquelle aucune de leurs racines ne saurait résister.

Au point de vue kabbalistique, les lettres sont classées comme suit :

On trouve en hébreu : trois *lettres mères*, sept *doubles* et douze *simples*.

Les trois mères correspondent à la trinité et ce sont : א, מ, ש.

Les sept doubles, aux sept planètes : כ, ג, ז, ב, פ, ג, ת.

Les douze simples, aux douze signes du Zodiaque : ר, ח, ו, ה, ט, י, ל, כ, ס, ע, צ, ק.

· Voici une autre classification d'après Agrippa (*Phil. occulte*) :

♈	ה	Simples	Β	B
♉	ז	»	Γ	C
♊	ח	»	Δ	D
♋	ס	»	Ζ	F
♌	ל	»	Κ	G
♍	מ	»	Λ	L
♎	נ	»	Μ	M
♏	ע	»	Ν	N
♐	צ	»	Π	P
♑	ק	»	Ρ	R
♒	ש	»	Σ	S
♓	ת	»	Τ	T
♄	ג	Doubles	Α	A
♃	ז	»	Ε	E
♂	ד	»	Η	I
☉	ח	»	Ι	O
☿	ם	»	Ο	U
♀	ר	»	Υ	J
☽	ת	»	Ω	V
□	א	Mères	Θ	K
C	ד	»	Ξ	Q
O		»	Φ	X
△		»	Χ	Z
♅	י	»	Ψ	H

§ IV. — DU SIGNE PRODUISANT LA RACINE

Les éléments de la parole sont la voix, le geste, les caractères tracés.

Ses moyens résident dans le son, le mouvement et la lumière.

Mais ils existeraient en vain si la volonté, puissance créatrice et indépendante d'eux, n'était intéressée à les mettre en œuvre et capable de le faire.

La voix et le geste sont toujours les mêmes quand ils expriment la même affection intérieure. Mais les caractères varient parce qu'ils ne peuvent pas être tracés sans une convention préalable : l'écriture est le fruit de la réflexion ; les deux autres éléments sont spontanés ; mais la variété des caractères destinés à exprimer telle émotion a réagi sur le geste et surtout sur la voix et en a différencié les inflexions dans les divers peuples.

.*.

Une racine est toujours monosyllabique et bilittérale ; trois lettres sont la contraction de deux racines. A la naissance de la langue, le signe est un nom, mais ce nom s'efface par le développement du peuple pour constituer le signe. Un signe isolé dans le discours est, en hébreu, un article.

.*.

La racine présente toujours un sens universel ; pour le spécifier, il faut découvrir si elle est employée comme nom, comme verbe ou comme relation.

Ex. : אי désigne le centre vers lequel tend la volonté, le lieu où elle se fixe, la sphère d'activité dans laquelle elle agit. Comme nom : c'est un désir, un objet désiré, un lieu, une île, une région, un foyer, un gouvernement. Comme verbe, c'est l'action de désirer une chose, de tendre vers un lieu. Comme relation, c'est le rapport abstrait du lieu où l'on est, de l'objet où l'on tend, de la sphère où l'on agit.

La relation est extraite par la pensée du signe, du nom ou du verbe. Il y en a trois sortes :

1° Relation désignative ou article, qui marque le rapport du signe au nom.

2° Relation nominale ou pronom, qui marque le rapport du nom au nom.

3° Relation adverbiale, adverbe, qui caractérise le rapport du verbe au verbe ou au nom.

L'article peut être une relation proprement dite ou article, une proposition ou une interjection.

Il y a six articles en hébreu ; ils n'ont ni genre ni nombre. Ce sont :

ה : Il peut ou déterminer le nom, c'est *le, la, les, ce, cette, ces ;* — ou exprimer une relation de dépendance, *du, de la, des ; de ce, de cette, de ces ;* — ou ajouter un sens emphatique au nom qu'il précède : *ô, oh, ah* ou simplement le *!*.

ל : Relation de réunion, de possession, de coïncidence : *à, au, à la, aux, de, du, des, pour, selon, vers,* etc.

מ : Un nom est pris pour moyen, pour instrument, est distrait d'une série d'autres noms : *de, du, des, par le, avec, en, au moyen, parmi, entre.*

ב : Un peu plus fort que le précédent : *en, dans, le, chez, avec, à l'aide de, tout en.*

כ : Exprime la similitude, l'analogie, la concomitance : *comme, en, tel que, de même que, d'après, suivant, selon, ainsi que, à l'instar.*

ף : Exprime un mouvement conjonctif ou convertible : *et, aussi, ainsi que, puis, ensuite, que.*

Ces six articles deviennent prépositions quand ils sont composés de plusieurs caractères et qu'ils agissent isolés ou simplement réunis aux mots par un tiret ; ce sont des interjections quand, ainsi isolés, ils n'offrent plus aucun rapport avec le nom ou le verbe. Les dictionnaires donnent des listes copieuses de ces locutions.

§ V. — DU NOM

Le nom est la base du discours ; il y est lié au signe comme le signe lui est lié. C'est pourquoi la plupart des noms hébreux sont des signes particularisés. De là l'erreur des traducteurs du *Sepher* qui ont toujours rendu le signe par le nom : on traduit jardin au lieu de sphère organique ; *Hetz* traduit arbre, au lieu de substance végétative.

Voici les règles que donnent Court de Gébelin et Fabre d'Olivet pour ne pas tomber dans les mêmes errements :

1° Comparer beaucoup de langues entre elles pour en connaître une seule ;

2° Savoir que toutes les voyelles tendent à devenir consonnes, et les consonnes voyelles.

3° Donc suivre ce mouvement, distinguer la voyelle-mère de la voyelle vague ; cela est très facile pour l'hébreu ;

4° Savoir que d'une langue à l'autre les consonnes se substituent les unes aux autres, surtout celles de même touche :

Touche labiale : ב, פ, ו, douceur, aménité.

Touche dentale : ד, ט, ce qui touche, tonne, retentit, résiste, protège.

Touche linguale : ל, ר, mouvement rapide, rectiligne ou circulaire.

Touche nasale : מ, נ, mouvements rentrants et sortants.

Touche gutturale : ג, כ, ע, ק, objets creux et profonds, l'emboîtement.

Touche sifflante : ז, ס, צ, objets sifflants et aériens.

Touche chuintante : י, ש, ת, mouvements légers, sons doux et durables, objets agréables.

5° Voir que les sept voyelles mères peuvent se substituer les unes aux autres et qu'elles tendent à s'éteindre dans le son *ch* allemand.

Quant à la pratique de l'étymologie, il faut ne supposer aucune altération dans un mot dont on ne puisse rendre raison ; distinguer les caractères radicaux d'un mot des caractères accessoires ; classer les mots par familles ; distinguer les primitifs des composés ; éviter toute étymologie forcée. Enfin être capable d'appuyer l'étymologie d'une preuve historique ou morale.

Les noms hébraïques sont ou substantifs, ou qualificatifs, et ils sont en petit nombre dans la langue de Moïse ; ou modificatifs, ou facultatifs.

Les qualificatifs sont souvent suppléés par des articles : ה, כ, מֹ, בֹ.

Les facultatifs sont ce que les grammairiens actuels appellent participe présent ou passé ; ils se forment par l'adjonction dans un substantif du signe lumineux et intellectuel ו ou י. C'est du dernier que sort le verbe.

L'hébreu n'a que deux genres, le masculin et le féminin ; ce dernier se forme du premier en y ajoutant la terminaison ה.

Il n'a non plus que deux nombres ; le *duel* n'est qu'une modification du pluriel. Les noms masculins forment leur pluriel par l'addition de la syllabe ים et les féminins par celle de la syllabe וֹת.

La déclinaison n'existe pas en hébreu. Les noms y reçoivent leurs mouvements au moyen des six articles précédemment décrits et de la relation désignative את.

Les noms hébraïques, en se classant dans la phrase suivant le [rang qu'ils doivent y occuper, éprouven une légère altération dans le caractère final : c'est la construction ; c'est le nom régissant qui est d'ordinaire modifié, à l'inverse de ce qui se passe dans les autres langues.

Les noms, au singulier, terminés par un autre caractère que ה, n'éprouvent pas cette altération ; ils sont simplement réunis au nom suivant par un tiret. Ceux qui sont terminés en ה le changent en ת.

§ VI. — DES PRONOMS

Les pronoms absolus sont relatifs aux personnes ou aux choses. Ce sont :

Je, moi, אני, רבי, אנ.

Tu masculin, אתה.

Tu féminin, את.

Il, lui, הוא.

Elle, הרא, היא.

Nous, נכנו ou אנחנו.

Vous masculin, אתם.

Vous féminin, אתן.

Ils, הם.

Elles, הן.

Les pronoms relatifs sont de tout genre et de tout nombre :

אל, אלה, ce, celui.

אשל, lequel, qui, ce qui.

דא, די, דן, ce, ceci.

זה, זו, זאת, ce, ceci.

הא, ce, celui, voici.

הן, הנה, voici, est-ce que.

הל, est-ce que ; que si le.

מי, qui, lequel.

מה, quoi, que, qu'est-ce.

פה, cette chose-là, ce lieu-là.

Les affixes indiquent l'action des personnes ou des choses sur les choses.

Les affixes nominaux correspondent à nos pronoms possessifs.

Les affixes verbaux correspondent à nos pronoms conjonctifs.

On en trouvera la liste dans tous les dictionnaires.

§ VII. — DU VERBE

Il n'y a qu'un verbe : הוה, *être-étant;* tous les autres verbes sont des combinaisons de celui-ci avec des noms; ce verbe ne change point la nature des noms, mais il ne fait que les rendre vivants de la vie dont ils recélaient en eux-mêmes les principes. Ce verbe unique a pour principe, en hébreu, le signe de la lumière ו; sa substance est la vie universelle et absolue représentée par la racine הוה, qui n'est jamais un nom.

Le verbe en lui-même est immuable, il ne connaît ni genre, ni nombre, ni inflexion; il remplit tout, comprend tout, amène tout. Mais, dans cet état, il est incompréhensible pour l'homme; il ne se rend sensible qu'à la faveur de la substance dont il se revêt : cette substance est le nom facultatif élevé à la vie verbale. Les modifications du nom verbalisé sont au nombre de quatre : la forme, le mouvement, le temps et la personne.

⁂

VERBES PARTICULIERS. — Le génie hébraïque ne laisse que rarement les verbes se former de la racine dissyllabique, sans y ajouter un caractère qui en modifie ou renforce l'expression. Cette adjonction est initiale ou terminative; lorsqu'elle est initiale, le caractère ajouté est י ou נ; lorsqu'elle est terminative, c'est le caractère final qui se redouble. Ces verbes sont dits *radicaux-composés*. Les grammairiens, qui n'ont pas fait d'étymologie, les prennent tantôt pour des verbes radicaux, tantôt pour des verbes irréguliers.

Les *verbes radicaux* sont ceux qui se tirent de la racine et qui sont monosyllabiques.

Les *verbes dérivés* sont ceux qui se tirent d'un substantif composé; ils sont toujours bisyllabiques.

*
* *

VERBES NOMINAUX, INFLEXION VERBALE. — Le sens des verbes radicaux est facile à découvrir puisque la racine n'y est compliquée que du signe ן.

Le sens des verbes radicaux-composés, plus difficile à découvrir, dépend de l'influence que la racine et le signe initial ou terminatif exercent l'un sur l'autre. Le י donne à l'action verbale une force extérieure plus énergique, plus durable, plus apparente; le נ rendra cette même action plus intérieure et plus enveloppée. L'adjonction terminative double la force du signe final. Voici comment les verbes s'infléchissent à l'aide des articles :

Mouvement énonciatif מלוך, l'action de régner.

Mouvement déterminatif המלוך, l'action même de régner, de l'action de régner.

Mouvement directif למלוך, selon l'action de régner, à régner, pour régner.

Mouvement extractif ממלוך, par l'action de régner, en régnant.

Mouvement médiatif במלוך, en action de régner, en régnant.

Mouvement assimilatif כמליך, conforme à l'action de régner, tout en régnant.

Mouvement conjonctif ומליך, et action de régner.

Mouvement désignatif את-מליך, l'action telle de régner ; celle qui le constitue.

Il faut remarquer que l'article ו reprend toute sa force convertible devant le futur ou le passé : le futur devient passé et le passé futur, à peu près comme fait en français la conjonction conditionnelle *si* : Si j'étais dans dix ans au bout de mes travaux, que je *serais* heureux.

§ VIII. — DES MODIFICATIONS DU VERBE

FORMES VERBALES : Positive : quand l'action verbale s'énonce simplement. Le mouvement passif y est indiqué par le נ et le ה.

Intensive : s'exprime par le *chirek*, remplaçant du י placé après la première lettre.

Excitative : transporte sur un second sujet qu'il faut mettre en mouvement ; elle s'exprime par le ה.

Réfléchie, ou réciproque : elle s'exprime par la locution ה ת

Le MOUVEMENT est {
actif, du dedans au dehors, d'un agent sur un objet : j'aime.

passif, du dehors au dedans, par un objet sur un agent : je suis aimé.

Le TEMPS reste une énigme pour qui se renferme dans le cercle des sensations ; et pourtant les sensations seules lui donnent une existence relative. C'est, d'après d'Olivet, une mesure de la vie, comme l'espace est une mesure de la matière. Plus un peuple est vieux, plus sa grammaire possède de *temps*. Les langues du Nord de l'Europe n'avaient primitivement que deux temps : le présent et le passé ; comme les langues de l'Asie occidentale, qui paraissent venir de l'Afrique, n'avaient que le passé et le futur.

De même qu'il y a trois couleurs fondamentales, il y a trois temps principaux.

Les Hébreux ne connaissaient pas le présent, que le génie de leur langue concevait comme un point insaisissable dans la progression du passé au futur. Le *je suis* n'est jamais exprimé que par le pronom seul ou le facultatif continu.

Formation des temps. — La Personne et le Temps sont aussi inséparables que le terme et le mouvement. Les trois éléments de la parole, la voix, le geste et les caractères, quoique agissant ensemble, sont plus particulièrement actifs, la voix dans le Verbe, le caractère dans le Nom, et le geste dans la Relation. Ce geste est donc la source de tous les pronoms (1) :

Le geste identique produit la première personne, *je*, *moi*, אני : l'être se manifeste.

Le geste mutuel produit la seconde, *tu*, *toi*, אתה ; l'être mutuel.

---

(1) Cf. Harris, *Hermès*, I, 5. — *Apoll. De Synt.*, II, 5. Prisc., XII.

Le geste autre ou relatif, la troisième, *il*, *lui*, אוה;
l'être autre.

Ces pronoms personnels sont soumis au genre, au
nombre et à l'inflexion des articles; ils déterminent
aussi le temps des verbes (1). Après s'être contractés
de façon à se distinguer des affixes verbaux, ils se
placent devant le verbe nominal pour former le futur,
et après pour former le passé.

Le second moyen qu'emploie l'hébreu pour indiquer
le temps est de laisser subsister le ו pour le futur, de
l'éteindre dans le facultatif fini, de le supprimer dans
le passé. De sorte que la troisième personne de ce
temps est identique à la racine d'où dérive le Verbe.

§ IX. — DES CONJUGAISONS

Nous ne reproduirons pas ici les exemples que
donne Fabre d'Olivet : la place nous manquerait pour
le faire; nous nous contenterons de renvoyer à l'original les étudiants qui voudraient approfondir cette
question.

§ X. — DE LA CONSTRUCTION DES VERBES, DES ADVERBES, ETC.

Il n'y a qu'une règle suivant laquelle les affixes
verbaux se réunissent aux verbes : toutes les fois
qu'une modification verbale quelconque reçoit un
affixe, elle le reçoit en se continuant avec lui : c'està-dire que, si cette modification, quelle qu'elle soit, a
un constructif, elle l'emploie dans ce cas.

---

(1) Gebelin, *Gramm. Univ.*, p. 25.

FACULTATIFS. — Ils se construisent avec les affixes verbaux comme des noms.

VERBE NOMINAL . — On a déjà parlé de sa construction ; tous les détails à ce sujet se trouvent dans le tableau des Conjugaisons.

VERBE TEMPOREL. — Au futur le signe ה disparaît. Le caractère final change seulement dans les conjugaisons irrégulières. Il en est de même pour le transitif, pour le passé, la première personne du singulier et du pluriel, la deuxième et la troisième du masculin singulier et la troisième du pluriel en ne changeant que le point-voyelle. Mais la deuxième et la troisième du féminin singulier et la deuxième du masculin et du féminin pluriel changent de caractère final.

.·.

RELATIONS ADVERBIALES. — Il ne faut pas confondre l'adverbe et le modificatif (Ex. : *doucement, fortement, docilement*) qui modifie l'action verbale selon la teinte du nom dont il découle. L'adverbe dirige et indique l'emploi du Verbe. Ex. : *dessus, avant*. Contrairement à l'opinion des grammairiens, les adverbes sont déclinables, et en hébreu encore plus qu'en français.

On voit ici que le cercle de la Parole se referme en tendant au signe par la relation. Il existe entre l'adverbe affirmatif et négatif, *oui* et *non*, אך et אל ou כה et לא : la substance et le verbe. Ces deux expressions montrent à l'analyse qu'elles renferment non seulement l'essence de la Parole, mais celle de l'Univers, qui tient tout entier entre l'affirmation et la négation.

L'affirmation adverbiale existe par elle-même, d'une manière absolue, indépendante, renfermée dans le verbe dont elle constitue l'essence; car tout verbe est affirmatif.

L'interrogation n'a lieu ordinairement que par le tour de la phrase; sinon, on emploie les deux mots אם ou האם.

La négation s'exprime par לא = non, la cessation, l'opposition; ou אין, l'absence et le néant.

Des caractères paragogiques. — Ce sont des lettres ajoutées sans raison au milieu des mots, ce sont: א, ה, י, ו, נ et ה. Les *hémanthes* sont des lettres ajoutées au commencement ou à la fin des mots pour en modifier le sens. Ce sont les mêmes sauf que le ד y est remplacé par le מ. Ils ont le sens indiqué plus haut, quand nous avons parlé des signes.

Conclusion. — Le principe de la Parole existe indépendamment des organes qui servent à le manifester. Celui-là existe immuable dans l'essence divine; ceux-ci en sont des réflecteurs plus ou moins homogènes. Ces derniers tendent à refléter la perfection unitaire dont ils émanent; c'est là la raison vraie du perfectionnement des langues.

Le signe est la base unique de toutes les langues du monde; il découle directement du principe éternel de la Parole; il se borne aux inflexions simples de la voix. Les peuples qui ont distingué ces inflexions de leurs combinaisons en les représentant par des caractères ont développé le langage sous le rapport des formes extérieures. Les peuples qui ont confondu ces inflexions simples avec ces mêmes combinaisons, comme les Chinois, ont perfectionné les images intérieures du langage : les Égyptiens, qui possédaient à la fois le signe littéral et la combinaison hiéroglyphique, devaient être, et étaient en effet, le peuple le plus éclairé, au point de vue temporel.

Les racines, en nombre fini, sont les combinaisons de deux signes : leur sens passe du général, de l'indéfini au particulier, au défini, ainsi que le dit Platon.

Au moment où le signe donne naissance à la racine, il produit la relation.

Les idées particulières s'agglomèrent autour des racines primitives; celles-ci deviennent idiomatiques, reçoivent les modifications du signe, forment une foule de mots. Alors le verbe unique, jusqu'alors sous-entendu, s'approprie une forme analogue à son essence : dès que l'esprit humain a conçu le Verbe, la substance s'allume, la vie verbale circule. La Parole est dès maintenant divisée en substance et en verbe; le signe qui transmet toute sa force à la relation, lie ces deux parties du discours, les dirige et les construit.

Dès lors tout dépend de l'état temporel des noms. L'impulsion que la Nature reçoit de l'Être des Êtres est communiquée aux langues; leur multiplicité primitive tend sans cesse à l'unité. Les langues se mêlent, luttent les unes contre les autres, meurent, naissent, jusqu'à ce qu'une nation fasse dominer sur toute la terre sa langue enrichie de toutes les découvertes passées.

On voit que l'étude de l'hébreu n'est, aux yeux de d'Olivet, qu'un prétexte pour saisir le fonctionnement de la faculté qui distingue l'homme entre toutes les créatures. Nous n'avons voulu que suppléer dans une faible mesure à la lacune que la rareté et le prix élevé de son admirable livre mettent trop souvent dans les études des chercheurs. Nous souhaitons vivement avoir rempli notre but.

Tours. — Imp. E. Arrault et Cⁱᵉ. — 5-8-01.

ÉCOLE SUPÉRIEURE LIBRE
DES SCIENCES HERMÉTIQUES
SALLE DES COURS
4, Rue de Savoie, PARIS

L'Ecole a institué des cours assurés par 21 professeurs, maîtres de conférences et répétiteurs, et répartis en trois années. — Des examens et des diplômes garantissent l'instruction progressive des élèves. — L'enseignement embrasse tout le cycle de l'Occulte, depuis les éléments indispensables d'hébreu et de sanscrit jusqu'aux théories les plus élevées.

SOCIÉTÉ DES CONFÉRENCES SPIRITUALISTES

SIÈGE SOCIAL :

HOTEL DES SOCIÉTÉS SAVANTES, 26, rue Serpente, PARIS

COTISATIONS **5** FR. ET **10** FR. PAR AN

Réunion le 4ᵉ vendredi de chaque mois. Conférences et discussions sur les diverses branches du Spiritualisme.

La Société est ouverte à tous

SOCIÉTÉ ALCHIMIQUE DE FRANCE
ÉTUDE SPÉCIALE DE L'ALCHIMIE
SIÈGE SOCIAL : *19, rue Saint-Jean, 19, DOUAI*
DIRECTEUR : **JOLLIVET-CASTELOT**

Fraternités ouvertes seulement avec initiation spéciale

Ordre Martiniste. — Ordre kabbalistique de la Rose-Croix. — Groupe indépendant d'Etudes ésotériques. — Union Idéaliste universelle.

OUVRAGES DU MÊME AUTEUR

Le Messager céleste de la Paix universelle, traduit de *Jeanne Leade*, br. in-8.

Le Gui, histoire et philosophie, traduit de l'anglais de P. Davidson, br. in-16.

La Vie, les Œuvres et la Doctrine de Jacob Bœhme, br. in-16

Les Miroirs magiques, br. in-18.

Les Incantations, br. in-18.

La Création, br. in-8.

Les Tempéraments et la Culture psychique, br. in-18.

POUR PARAITRE INCESSAMMENT :

Les Plantes magiques, vol. in-18.

De l'Élection de la Grâce, traduit pour la première fois de l'allemand, de Jacob Bœhme (en collaboration avec Debeo).

5-8-01. — Tours. Imp. E. ARRAULT et Cie.

www.ingramcontent.com/pod-product-compliance
Ingram Content Group UK Ltd.
Pitfield, Milton Keynes, MK11 3LW, UK
UKHW021349100726
13657UKWH00006B/1749